ACADÉMIE DES BEAUX-ARTS.

NOTICE

SUR

M. AUGUSTE HESSE

PAR M. LENEPVEU

Lue dans la séance du 21 mai 1870.

MESSIEURS,

L'Académie des Beaux-Arts, qui s'associe toujours pour secrétaire perpétuel un homme d'un haut mérite, lui confie la mission d'écrire et de prononcer dans sa séance publique annuelle l'éloge d'un des membres qu'elle a perdus dans les années précédentes. Les pertes faites par l'Académie dans la même année étant quelquefois malheureusement nombreuses, ce panégyrique unique laissait une lacune que vous avez voulu combler en demandant à chacun des nouveaux élus de faire une notice historique sur son prédécesseur, afin que dans ce pieux souvenir fût au moins réunie une

I

nomenclature de leurs œuvres et des faits particuliers de leur existence qui pourraient être sauvés de l'oubli.

Je viens remplir ce devoir, Messieurs, en vous rappelant les ouvrages et en vous retraçant la vie simple et modeste du regretté confrère auquel j'ai l'insigne honneur de succéder.

Ma tâche est difficile après l'éloquent discours prononcé sur la tombe de M. Auguste Hesse par l'estimé confrère qui a mis en lumière avec un goût si pur les éminentes qualités morales et artistiques de celui que nous regrettons.

Avant de vous parler, Messieurs, des œuvres les plus remarquables laissées par mon prédécesseur, permettez-moi en quelques mots d'essayer de définir le talent et le caractère de l'homme. M. Auguste Hesse n'eut point ce qu'on peut appeler un talent de mode, la faveur publique ne l'entoura pas; la presse, qui trop souvent fait et défait des réputations éphémères, s'occupa peu de lui; la fortune ne le tenta jamais, jamais il ne lui sacrifia ses convictions. Une noble ambition, au succès de laquelle le mérite seul peut servir, stimulait ses efforts et faisait briller à ses yeux la plus belle et la plus enviable des récompenses; cette récompense, Messieurs, il l'obtint de vos suffrages.

Les doctrines que l'Académie représente et ses attributions qu'il respectait et qu'il glorifiait étaient considérées par lui comme la sauvegarde des grandes traditions des maîtres; aussi souffrit-il vivement des attaques injustes et des amoindrissements qu'elles subirent dans ces dernières années : je l'entends encore, presque aux dernières heures de sa vie, s'écrier, faisant allusion à ces tristes réformes dont les effets funestes n'ont pas tardé à se faire sentir : « On peut enlever encore quelques-uns des plus justes et des plus nobles priviléges de notre compagnie, mais une chose du moins qu'on ne me retirera jamais, à moi, c'est le bonheur d'en avoir fait partie! »

Comme un sage, il ne travailla que suivant son goût, poursuivant son but, sans se laisser entraîner ou émouvoir par les querelles d'écoles et les systèmes opposés qui, à l'époque de sa jeunesse, s'agitaient avec tant de passion.

Son jugement droit l'empêchait d'accepter les excès du romantisme; l'énergie et la tendance philosophique de son esprit ne lui permettaient peut-être pas d'apprécier tout ce qu'il y a de sentiment et de tendresse dans la nouvelle école néo-catholique, dont quelques-uns de nos contemporains ont donné de si beaux exemples. Au milieu de ces dissidences d'écoles, il resta le même, puisant dans l'admiration des maîtres italiens du XVIe et du XVIIe siècle les qualités de peinture facile, énergique et large, qui sont le caractère distinctif de son talent. Il en trouva l'emploi dans la renaissance de la peinture monumentale, dont M. Lebas fut, comme on l'a déjà dit, l'heureux rénovateur en France, dans l'église de Notre-Dame de Lorette, qui produisit une si grande sensation, tant par l'ensemble de sa décoration, nouvelle alors, que par le mérite des artistes renommés qui y concoururent.

Auguste-Nicolas Hesse naquit à Paris en 1795. Il débuta dans la carrière des arts, sous la tutelle de son frère aîné, Henri Hesse, qui était un peintre de portraits distingué. Celui-ci entoura son jeune frère de tendres soins, subvint paternellement à ses besoins, et le fit entrer à l'atelier de Gros, dont il devint un des élèves affectionnés.

En 1818, Auguste Hesse concourt pour la seconde fois,

remporte à vingt-deux ans le grand prix de Rome, dont le sujet était : *Philémon et Baucis recevant la visite des dieux.* Ce tableau, d'une grande finesse d'exécution et d'un goût charmant, promettait beaucoup chez un aussi jeune artiste. Peu de tableaux de concours ont des morceaux qui soient supérieurs à la jolie figure de Mercure, si élégamment et si savamment dessinée et peinte. Les autres figures, particulièrement celles de Philémon et de Baucis, font déjà pressentir le caractère plus large et plus puissant, mais aussi moins délicat, qui doit se développer dans ses peintures murales.

Il alla à Rome et fit pour premier envoi : *Ulysse reconnu par son chien ; Céphale* et *Procris ; Otriade blessé à mort,* et une esquisse fortement peinte, représentant les Sept-Chefs devant Thèbes, une belle copie du tableau du Vatican, le Christ au tombeau, de Michel-Ange de Caravage, et un dernier envoi, *Pâris et OEnone,* qu'il rapporta de Rome et qu'il exposa au salon de 1824.

En 1827, il termina un tableau, destiné à l'église de la Sorbonne, *Pierre de Sorbon présentant à saint Louis les jeunes étudiants en théologie, ses élèves.* Ce tableau, qui se distingue par des qualités assez différentes de celles que devait montrer plus tard M. Hesse, se rapproche de ce qu'on a appelé assez injustement l'école de David, qui a développé les talents divers et originaux que vous connaissez tous, Messieurs, plutôt que de celle de Gros, dont il fut l'élève. Ce tableau, un peu froid, est exécuté avec beaucoup de soin, et présente, avec une assez grande ordonnance de lignes et d'effet, quelques belles têtes, entre autres celle de la reine, d'une beauté angélique. Il peignit aussi, la même année, deux grandes figures symboliques, *l'Histoire* et *la Théologie* qui décoraient autrefois une des salles du conseil d'État au Louvre. En 1831, il exposa une Françoise de Rimini (Dante, chant V).

Mais c'est surtout dans l'église de Notre-Dame de Lorette qu'il montra toutes les qualités dont il était doué, dans trois peintures murales, l'une, représentant la conversion du soldat Hippolyte par son prisonnier, saint Laurent; l'autre, le martyr de saint Hippolyte; dans celle-ci, le saint est attaché à des chevaux fougueux par des hommes dont les attitudes furieuses et violentes font bien ressortir le noble mouvement du saint qui, renversé à terre, a les bras tendus vers le ciel non en suppliant, mais avec un sublime élan d'adoration et d'extase; cette composition, remplie de mouvement et exécutée avec une grande chaleur, rend bien le côté terrible du sujet. Enfin l'*Adoration des bergers*, qui a plus d'importance par la proportion et le nombre des figures, fit impression par son grand aspect. Les bergers adorant le Sauveur qui vient de naître y sont traités avec un entrain, une spontanéité de sentiment très-chaud et très-vrai. Cette dernière composition fait partie de la décoration de la grande nef. Ces peintures sont toutes remarquables par l'aspect large dans lequel elles sont conçues, la simplicité de la couleur et la liberté d'exécution, qualités qui n'étaient pas communes à cette époque, où la tradition de la peinture murale était à peu près oubliée ou négligée.

Nous retrouvons M. Hesse quelques années après au salon, d'où l'avaient éloigné ses travaux de peinture murale et l'état de sa santé qui le força souvent au repos. Il obtient au concours un tableau destiné à la chambre des députés, l'expose en 1838 avec un grand succès, et reçoit à la suite de cette exposition une médaille de première classe. Ce tableau fait aujourd'hui partie du musée d'Amiens, où il occupe le fond d'un salon et y produit un grand effet de vérité, vu de la galerie qui précède, encadré qu'il est dans le chambranle noir de la baie qui donne accès à ce salon. Il a pour sujet Mirabeau à l'Assemblée nationale, dans la séance du 23 juin 1789, au moment où M. de Dreux-Brézé vient d'ordonner au tiers-état de quitter la salle des séances, et où Mirabeau fait la célèbre réponse qui est dans la mémoire de tout le monde.

Au premier plan, Dreux-Brézé, grand maître des cérémonies, vêtu d'un élégant costume noir et blanc, est vu de dos. Cette figure d'une grande désinvolture, remplie de noblesse, s'enlève très-fortement sur les costumes noirs des membres du tiers-état, qui sont dans la demi-teinte. Bailly, président des communes, s'est levé à l'approche de l'envoyé du roi, l'écoute avec la simplicité d'une âme droite et triste, qui pressent l'avenir, mais qui ne fléchira ni devant le devoir ni devant la mort. Une partie de la noblesse a quitté la salle des séances. Quelques-uns des membres du clergé hésitent et discutent sur la conduite qu'ils doivent tenir, en présence de l'ordre du roi et de l'attitude du tiers-état auquel certains de ses membres se sont déjà joints. Sieyès est assis près de Mirabeau : son regard dans le vide exprime sans colère la fermeté d'un esprit absorbé dans de profondes pensées.

Toute l'assemblée est assise, émue, mais on y sent la volonté du calme; seul, Mirabeau se précipite en avant, terrible, l'œil enflammé, les narines dilatées, la bouche contractée, toute la physionomie saisissante d'énergie, d'audace et de noble fierté. Cette figure fortement campée est superbe en tous points.

Peut-être serait-il permis d'exprimer un regret de ce que l'exécution des têtes, bien senties il est vrai, est laissée à l'état d'ébauche dans les autres personnages si célèbres de cette assemblée : vraisemblablement, l'auteur a voulu concentrer toute sa force sur ceux qui furent en évidence ce jour-là et ne pas devancer les événements.

En 1839, il expose le *Couronnement d'épines*, puis entreprend et termine en 1840 la décoration entière de la chapelle de la Vierge à Notre-Dame-de-Bonne-Nouvelle qui, avec ses précédents ouvrages, lui mérite et lui fait obtenir le titre de chevalier de la Légion d'honneur.

L'ensemble de ces peintures décoratives se compose de huit grandes figures séparées, très-fermement peintes sur un fond d'architecture, et représentant les divers personnages de la famille de la Vierge : David, saint Jean l'Évangéliste, saint Joachim, sainte Anne, sainte Élisabeth : ces deux dernières figures, qui occupent le fond de la chapelle de chaque côté de l'autel, sont remarquablement belles et empreintes d'un vrai sentiment religieux; puis saint Zacharie, saint Jean-Baptiste et saint Joseph. A l'entrée, à droite et à gauche, sont deux tableaux : *l'Annonciation* et *la Visitation*. Dans ce dernier, Élisabeth reçoit la salutation de la Vierge, la serre avec respect dans ses bras et sent au tressaillement de joie qu'elle éprouve que la prédiction est accomplie et qu'elle est mère. Cette douce et sainte allégresse est bien comprise et bien rendue dans la tête d'Élisabeth dont l'ensemble de la figure largement drapée est d'une bonne couleur.

L'année suivante, M. Hesse est plus à l'aise dans le grand salon d'honneur de l'hôtel de ville de Paris, nouvellement construit par l'habile architecte M. Lesueur, qui continue le grand essor donné à la peinture murale depuis une dizaine d'années par la splendide décoration de ce somptueux monument. Toutes les peintures de ce grand salon lui sont confiées, excepté le plafond exécuté par M. Picot. Il peint sur les piliers, en manière dite arabesque, huit sujets de petite proportion ingénieusement conçus, et exécutés avec beaucoup de grâce, représentant : l'Industrie, l'Histoire naturelle, la Philosophie, l'Astronomie, la Géologie, la Marine, la Géographie et la Guerre. A la voussure, dix belles figures, habilement variées de pose dans des panneaux toujours semblables, représentent l'Agriculture, la Jurisprudence, la Concorde, la Physique, la Chimie, la Politique, la Géométrie, la Théologie, la Médecine et la Mécanique. Toutes ces figures sont intéressantes par le caractère, la belle tournure, la grandeur du dessin, la couleur souvent belle et presque toujours puissante.

Après ces travaux, M. Hesse peint sur verre pour la décoration de l'église de Chaillot cinq compositions qui ont pour sujet la vie de saint Pierre.

Il expose de nouveau au Salon de 1845 et y obtient un légitime succès avec le *Christ au tombeau*. Dans ce tableau, de moyenne dimension, il semble renoncer à se laisser aller à la facilité qui lui est propre et à un trop grand usage d'une mémoire qui pouvait quelquefois le dispenser de recourir à la nature ; il y revient cette fois avec amour, se faisant une loi de la suivre dans toutes les parties de cet ouvrage si bien senti et si heureusement réussi ; il y revient

non pas seulement avec cette finesse de pinceau et de dessin
que nous avons remarquée dans la charmante figure du
Mercure dans le tableau de *Philémon et Baucis*, mais avec l'ex-
périence du talent sûr de lui-même, qui saisit le caractère et
l'accent vrai de la nature, sans en être embarrassé. A l'entrée
du tombeau, la Vierge, épuisée de souffrances, fléchissant sous
le poids de la douleur, les mains tendues vers le ciel, s'affaisse
dans les bras des saintes femmes avec un accent de désola-
tion navrante. Le Christ, d'un beau sentiment, d'un dessin
élégant, d'un bon effet, ne laisse rien à désirer sous le rap-
port de l'exécution. Saint Jean, auquel Jésus a confié la mission de protéger sa mère, tout en déposant son divin maître
dans le tombeau, se retourne vers elle et lie bien les deux
parties du sujet. Cette composition, dont la disposition et la
couleur sont à la hauteur des autres qualités, est poignante
d'expression pathétique, et peut être considérée comme
un des plus beaux et des plus complets ouvrages de
M. Hesse (1).

De cette époque à 1852 il exécute divers ouvrages de
genres différents : ainsi, en 1846, un grand vitrail commandé par le roi Louis-Philippe, pour le château de Cor-
heil (en Bretagne); en 1848, une figure symbolique de la
République française mise au concours par le gouverne-
ment provisoire, pour laquelle il est mentionné ainsi que
plusieurs autres artistes, et un petit médaillon dessiné avec
une grande finesse pour un autre concours où il obtient le
prix ; en 1849, douze grandes figures dessinées pour les

---

(1) Ce tableau fait partie de la collection du Luxembourg.

vitraux de la chapelle de la Vierge dans l'église Saint-Eustache. En 1851, il expose au Salon la *lutte de Jacob avec l'ange* (1).

Nous voyons de lui au Salon, en 1852, un tableau commandé par la ville de Paris pour la chapelle du catéchisme de l'église Sainte-Élisabeth du Temple : le sujet est *le Sermon sur la montagne*. Le Christ, assis sur le bord des rochers qui dominent un vaste horizon, s'enlève sur un ciel sans nuage dont la lumineuse limpidité remplit la vallée et inonde toute la scène ; d'une main il montre le ciel comme la récompense des élus et tend l'autre à ceux qui doutent encore, comme pour les aider à monter à la vie éternelle qu'il leur dévoile. Les apôtres sont près de lui, séparés de la foule immense accourue pour entendre sa prédication divine qui commence à passionner les Juifs. Cette grande composition, plus vaste par son habile disposition que par sa proportion, est d'une harmonie et d'une simplicité parfaites, sans aucune monotonie, bien que les tons y soient sans violence et la lumière répandue partout. Cette œuvre, très-différente de la *Mise au tombeau* dont je parlais tout à l'heure, ne lui est pas inférieure, à mon avis, par les qualités propres à la peinture décorative, qui exige la plus grande sobriété et repousse les détails ; tandis que le tableau, au contraire, en a quelquefois besoin pour produire certaines illusions particulières à sa proportion et aux exigences des différentes destinations qu'il subit par la facilité de son déplacement même.

---

(1) Tableau qui est à Avranches.

En 1853, M. Hesse peint pour une loterie au profit des pensionnaires de la liste civile une petite toile : *Clytie mourante*. L'année suivante, il exécute sur verre les peintures du grand escalier de l'hôtel de ville de Paris ; en 1855, il dessine les quarante-cinq cartons des vitraux des cinq chapelles de l'apside de l'église Sainte-Clotilde de Paris ; en 1856, il peint, pour la salle du trône au Sénat, la *Signature du concordat par le premier consul* ; en 1857, le *Christ descendu de la croix* ; deux ans après, une autre descente de croix, qu'il envoie au Salon de 1859.

En 1863, M. Hesse expose chez lui un tableau, *le Péché originel*, non absolument terminé, qui vient cependant augmenter ses titres près de l'Académie des Beaux-Arts dont il obtient les suffrages et où il remplace Eugène Delacroix. Ce tableau, qui se distingue par le style, la couleur puissante, et dans lequel Ève, d'une belle forme et d'une intention très-fine de coquetterie, présente à Adam, sous l'inspiration du démon, le fruit défendu, a concentré pendant des années tous les efforts de son auteur. L'infirmité dont M. Hesse était atteint, et qui demandait de grands ménagements, le forçait souvent à interrompre son travail. Il termina enfin cet ouvrage et l'exposa au Salon de 1868, où il fut acquis par l'administration et donné au musée de Dijon. Ce fut sa dernière œuvre, car il ne put achever la chapelle Saint-Laurent, commandée par le préfet de la Seine, pour l'église Saint-Gervais.

A ce moment la maladie de M. Hesse fait de graves progrès ; il doit condamner son activité dans toute la plénitude de son esprit à une inaction complète, et, dans l'immobilité à laquelle il était contraint, il ne s'occupait plus qu'à relire les ouvrages d'histoire et de philosophie qu'il aimait particulièrement et pour lesquels il avait plus d'amour que jamais.

C'est dans un petit appartement du palais de l'Institut où il n'occupait qu'une seule chambre plus que modeste, comme le dit si bien M. Guillaume dans son touchant discours, c'est dans ce palais où siége l'Académie des Beaux-Arts, qui fut le rêve et l'unique ambition de toute sa vie, que ses amis et ses confrères de l'Académie apportaient à sa solitude, avec la distraction, le récit des travaux de votre compagnie auxquels il ne pouvait cesser de s'intéresser ; c'est là, dis-je, qu'on le vit simple dans sa vie, qui avait peu de besoins, stoïque dans les longues et affreuses souffrances dont il ne voulait pas même qu'on s'informât. C'est là que son neveu, M. Alexandre Hesse, notre honoré confrère, son seul proche et affectionné parent, lui donna jusqu'à la dernière heure les plus tendres soins ; c'est là qu'il s'éteignit dans sa soixante-quatorzième année, le 14 juin 1869, avec le calme d'une âme forte et d'une conscience honnête, emportant les regrets de tous ceux qui l'ont connu.

Paris. — Typographie de Firmin Didot frères, fils et Cⁱᵉ, rue Jacob, 56.